The BROONS

D.C. THOMSON & Co. Ltd., GLASGOW: LONDON: DUNDEE

A book not to be sneezed at!

Printed and published by D. C. Thomson & Co. Ltd., 185 Fleet Street, London EC4A 2HS.
© D. C. Thomson & Co. Ltd., 1993
ISBN 0-85116-571-0

aw's tatties an' mince . . .

mak' the Broons wince!

I DINNA FEEL LIKE COOKIN' THE NICHT! CAN WE EAT OOT, PAW?

HOW ABOOT STANDING US A MEAL IN A FANCY RESTAURANT?

BALMORAL RESTAURANT

THE BALMORAL? IT'S OWER FANCY....

....WI' FANCY PRICES AN' A'! NO, TONI'S WILL JUST DAE FINE!

TONI'S FISH & CHIPS

HE'S OWER GRIPPY WI' HIS CASH!

SEVEN FISH SUPPERS AN' THREE HALF PORTIONS FOR THE TWINS AN' THE BAIRN!

MENU AND PRICE LIST

HAUD ON, TONI! I THINK I'D RATHER HAE A PIZZA!

WHIT'S THIS?

TONI'S GOT A' SORTS O' FANCY FOOD NOW!

MAKE MINE A' BEEF CURRY!

WHAT'S THE DONER KEBAB LIKE?

...D SO— THREE PIZZAS, A BEEF CURRY, ...REE KEBABS WI' RELISH, A TANDOORI, ...PRAWN BIRYANI AND ONE FISH SUPPER ...R YERSEL! THAT'S £23·50, MR BROON!

...HAT? I DINNA ...HAE THAT ...MUCH!

I'LL JUST PUT YER FISH BACK!

I JUST HAD ENOUGH TAE GET MASEL' A WEE BAG O' CHIPS!

FANCY THAT!

the Premier spot!

A little bittie soap lets them doon!

MY BACK'S GIVIN' ME TORTURE—AN' IT'S MY TURN TO WASH THE STAIRS THIS WEEK!

YOU TAKE A REST, MAW—AN' DINNA WORRY ABOOT STAIRS!

WE'LL MANAGE IT JUST FINE!

THIS'LL NO' TAK' LONG IF WE A' DAE A WEE BIT!

ME'LL DUST—IT'S THE ONLY BIT ME CAN REACH!

I'LL CLEAN THE LIGHTS— I CAN READ WHILE I'M DAEIN' IT!

CHEMISTRY FOR SWOTS

WE'RE NEARLY FINISHED!

PUIR MAW HAS T' DAE A' THIS HERSEL'!

WELL DONE, A' BODY!

WAIT TILL MAW SEES THE GUID JOB WE'VE MADE!

SOAP

JINGS! WHA LEFT THE SOAP LYIN'?

CA' THIS A REST? I HAVENA STOPPED FOR A MINUTE!

WHAT'S HAPPENED TAE YER STAIRS? IT LOOKS AS IF SOMEBODY'S POURED A BUCKET O' WATER DOON THEM!

weekend awa' frae the sink . . .

that's what THEY think!

Puir auld wretch

HELLO, GRANPAW! WHIT ARE YE DAEIN' WI' THAT AFFY-LOOKING THING?

I'LL HAVE YE KNOW THIS IS AN AULD MASTER I PICKED UP FOR A QUID AT AN AUCTION. I'M TAKIN' IT TAE THE ANTIQUES ROAD SHOW TAE HAE IT VALUED.

HUMPH!

AT THE TOWN HALL —

LET'S FIND THE ART EXPERT FOR MY PAINTING!

YE'RE WASTIN' YER TIME! I WIDNAE GIE IT WALL SPACE!

IZZATSO?!

YE'LL CHANGE YER TUNE WHEN YE HEAR WHIT THE EXPERT HAS TAE SAY!

SOON —

ER . . . I WANT TO SEE HOW MUCH IT'S WORTH. JUST TO KNOW HOW MUCH TO INSURE IT FOR, YOU UNDERSTAND!

HMM!

HMM! SEVEN, ZERO, ZERO, ZERO . . .

WOW! IT'S WORTH, £7,000!

TELT YE SO!

NO . . . NO! THOSE ARE THE NUMBERS SHOWN UNDER THE PAINTING, TO HELP YOU FILL IN THE COLOURS! IT'S A 'PAINT BY NUMBERS' PICTURE! THE FRAME MAY BE WORTH 50P!

AULD MASTER, EH? WHIT A LAUGH!

HO-HO!

PUIR GRANPAW!

HMPH!

GRAND TEA, MAW! NOW FOR A COMFY SEAT WI' THE EVENIN' PAPER!

BEFORE YE SIT DOON, COULD YE TAK' THE FIRESIDE RUG DOON TAE THE GREEN AND GIE IT A GUID BEATIN'? I'M AWA' TAE SEE AULD NELLIE WILSON!

EH? OH, ER, AYE!

HMPH! IT DISNAE LOOK DIRTY TAE M... ACH, SHE'LL NEVE KNOW WHETHER I'V DONE IT OR NO', S... I'LL NO' BOTHER!

ONYBODY SEEN THE EVENIN' PAPER?

SILENCE!

TYPICAL! NAEBODY KENS! NAEBODY CARES! TCH! WHAUR'S THAT PAPER?

HEY! MY PAPER!

ACH, THIS IS LAST TUESDAY'S

HM... ME...

DINNA CUT UP THAT PAPER YET! I HAVENA READ IT!

THEN YOU'RE A BIT LATE— THIS IS LAST MONTH'S!

HUH! IT'S VANISHED! NAE PAPER TAE READ!

LATER—

HELLO, PAW! I'M BACK. DID YE... THE RUG DOON TAE BEA...

EH? OH, ER, AYE!

REALLY! FUNNY YE DIDNAE FIND YER EVENIN' PAPER, THEN!

YE ROTTER! FANCY CHECKIN' UP ON ME LIKE THAT!

HO-HO!

SO THAT'S WHAUR YER PAPER WIS!

SERVES YE RICHT!

They've a' got tae see . . .

whit the trouble micht be . . .

They can count on us!

That'll be the day!

OH! IT'S MAW AND PAW'S WEDDING ANNIVERSARY TODAY!

LATER . . .

HEY! WHAT'S HAPPENED TAE THE ANNABEL?

SOMEBODY'S CUT OOT THE CROSSWORD!

THAT'S FUNNY! THE CROSSWORD'S MISSIN' FRAE THE MORNING PAPER TAE!

AND THE WEEKLY NEWS!

HELLO, A'BODY!

QUICK, PAW! SEE'S YOUR EVENIN' PAPER!

HERE! WHIT ARE YE DAEIN'?

SHE — SHE'S TEARIN' OOT THE CROSSWORD!

NOW YOU CAN REALLY MEAN WHAT YOU SAY EVERY WEDDIN' ANNIVERSARY, PAW!

EH?

A' THESE YEARS MARRIED — AN' NO' A CROSS WORD!

here's only one way . . .

tae get through tae him the day!

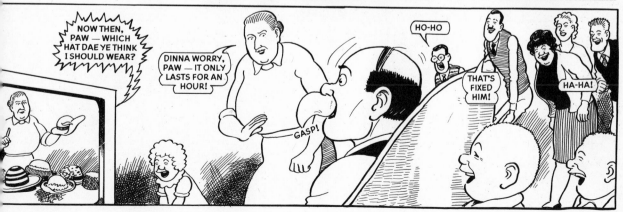

Granpaw Broon!! . . .

Ye've let them a' door

WE'RE AWA' OOT THEN. YE CAN MIND THE BAIRN UNTIL WE GET BACK, PAW! AND DINNA FA' ASLEEP.

EH? AS IF I WOULD! LEAVE HER TAE ME!

PAW — PAW! WHIT CAN ME PAINT NOW?

EH? OH, ER, WELL, YE CAN PAINT, ER, ME. AYE, THAT'S IT! PAINT YER PAW!

MM . . .

ZZZZZZ

LATER . . .

COOEE, WE'RE BACK!

WELL, MY WEE LAMB, DID YER PAW KEEP YE AMUSED?

AYE, ME PAINTED PAW!

OF COURSE I KEPT HER AMUSED. YOU HEARD HER! SHOW YER MAW THE PAINTING YE DID, PET!

MEBBE YE'D BETTER TAK' A LOOK AT IT YERSEL — IN THE MIRROR!

ME PAINTED PAW TAE LOOK LIKE ANE O' THON RED INDIAN MANNIES!

HO-HO!

SO! KEPT AN EYE ON HER, DID YE!

'til Daph's diet's done!

. but it's what you get . . .

on an auld wireless set!

It stopped short, never t'go again . . .

until the day when . .

LOOK — A SALE! AND I'M NEEDIN' A NEW HAT FOR BELLA WILSON'S LASSIE'S WEDDIN'.

COME ON — WE'LL HAE A LOOK!

DO WE HAVE TAE?

AYE — I'D LIKE YER OPINION!

SOON — WELL? WHIT DAE YE THINK?

I'VE SEEN JOCK TAMSON'S CUDDY WEARIN' A BETTER LOOKING HAT.

GRUNT!

REMINDS ME O' A SOJER'S TIN HELMET!

HMPH! KEEP YOUR COMMENTS TAE YERSEL'S! I DINNA WANT TAE HEAR YER OPINION!

OKAY!

HA-HA!

RIGHT, YE HEARD WHIT MAW SAID . . .

SOON —

HMM! WHIT DAE YE THINK, BAIRN?

IT'S AFFY BONNY!

WELL! OF A' THE CHEEK.

CHUCKLE!

HMPH! MEN!

AHEM!

2   1   0   2   5   3

Ye'll hardly recognise . . .

the hippy Broons guy.

Maggie will need lolly . . .

for yet another brolly!

It hardly seems right . . .

the Broons haein' a fight!

They'll hae tae bide there . . .

'til Maw's scrubbed the stair!

Paw can only stare . . .

at his bonnie varnished flair!

Maw cuts short the natter . . .

enough o' THAT chatter!

Complain as she might . . .

it was still a braw night.

A fish wi' chips 'n' eggs 'n' peas . . .

some invalids are hard tae please!

The Broons get a shock . . .

Granpaw's an auld crock!

Ye've tae watch whit ye say . . .

to the Bairn the day!

Whaur she is it's hard tae tell! . . .

What she's lookin' for? Well, well, well!

HI, FOLKS! LOOK WHIT WE PICKED UP AT THE BOOLIN' CLUB'S JUMBLE SALE!

A BRAW PAIR O' CHEST EXPANDERS!

WE'LL JIST PIT THEM OWER THIS COAT HOOK AN' TRY THEM OOT!

THE LAST TIME WE TRIED THAT WI' THE PAIR YE BORROWED FRAE SANDY SIMPSON . . .

THUMP!

. . . THE HOOK CAME OOT O' THE DOOR AND I GOT A RICHT DUNT ON THE HEID!

THERE! I'VE MADE SURE THAT'S NO' GOIN' TAE HAPPEN AGAIN! I'VE BOLTED THE HOOK TAE THE DOOR!

AULD FUSSPOT!

HMPH!

SEE? SAFE AS HOOSES NOW! THAT HOOK WINNA COME OOT!

LOOK! YE COULD WALK RICHT ACROSS THE ROOM AND IT STILL WOULDNA . . .

AHEM! WATCH THAT RUG!

BIG STRETCH!

. . . COME AFF THE DOOR!

HELP! WHIT'S HAPPENED?

SHEESH! HE'S AWA'!

ZOOM

MAW'S SHINY LINO!

CLUNK!

OYAH!

AH, WEEL, THANKS FOR MAKIN' IT SAFE FOR US, PAW.

PUIR PAW!

AYE, WE'LL MAK' SURE WE KEEP AFF THE RUG!

A weekend's work at the But 'n' Ben . . .

Tires oot lassies and laddies AND men!

IT WAS A GUID IDEA TAE COME STRAIGHT DOON HERE EFTER WORK. WE'LL KEEP AT IT TILL WE GET THE JOB FEENISHED — THEN WE CAN RELAX THE REST O' THE WEEK-END!

COME ON, YOU THREE. TIME FOR BED.

WISH IT WAS TIME FOR OOR BED, TOO — WE'RE FAIR WABBIT!

TIRED? HMPH! YE'VE NAE STAMINA!

WHIT A BUNCH O' WAMPS! OR IS IT WUMPS? WIMPS! THAT'S WHIT I MEAN! I'M TWICE YER AGE, AND STILL FRESH AS A DAISY!

2 A.M.

FINISHED AT LAST!

BED AT LAST!

YAWN! I COULD JUST ABOOT SLEEP WHERE I'M STANDIN'!

MICHTY ME! YE'D THINK YE'D BEEN WORKIN' HARD. I COULD GAE ON FER HOURS YET. YE WIDNA CATCH ME SLEEPIN' ON THE JOB!

MORNING

LAZY LOT! ACH, WEEL, I'LL HAE BREAKFAST LATER. THE GRASS IS NEEDIN' CUT. I'LL AWA' OWER AN' BORROW FARMER FITCHET'S GRASS-CUTTER. HE SAID I COULD BORROW IT ANY TIME.

YAWN — NO' TAK' LONG TAE GET THE GRASS CUT WI' THIS THING.

BRRRRRRR

JINGS! PAW MUST BE OOT CUTTIN' THE GRASS ALREADY!

CRIVVENS! QUICK! OOTSIDE, EVERYBODY!

PAW!

WAKEN UP!

STOP!

AULD IDIOT!

YE WIDNA CATCH HIM SLEEPIN' ON THE JOB, HE SAID! HUH!

ZZZZZZZ

BRRRRR

This is no' what Hen meant . . .

by "walkin', talkin', tent!"

They needna fear when they lose the way . . .

Paw's ower the hill, no' far away!

Nane o' this and nane o' that . . .

Granpaw turns them a' doon flat!

Windaes closed and hoose locked shut . . .

they'll need tae brak' the door doon, but . . .

THE BUT 'N' BEN — 'VE BEEN LOOKIN' FORWARD A' WEEK TAE THIS . . .

RIGHT, WHA'S GOT A KEY?

NO' ME!

NOR ME!

I THOUGHT YOU'D BROUGHT YOUR KEY!

WE'LL GET IN THROUGH A WINDIE!

BUT — WE HAVENA BEEN ABLE TAE OPEN ANY O' THE WINDIES SINCE WE PENTED THEM LAST SUMMER!

MEBBE WE CAN PICK THE LOCK WI' MY HAIRPIN!

HMPH!

AUD ON! WE'LL KNOCK DOON THE DOOR WI' THIS!

IT'S A' YOUR FAULTS, FOR NO' BRINGING YER KEYS!

CHARGE!

GIE IT LALLDY!

THEN —

CRIVVENS!

SHEESH!

HOW DID YOU GET IN?

IN THROUGH THE BACK DOOR! YE FORGOT TAE LOCK IT LAST TIME WE WERE HERE.

HA-HA!

HO-HO!

The wendy hoose is the best o' stuff . . .

but as ye see, no' guid enough!

It's a matter of fact . . .

they're a' short o' tact!

It's a terrible shock . . .

Granpaw needs the doc!

They just twig ower late . . .

tae their inevitable fate!

ey're a richt rotten lot . . .

Maw's tae carry the lot!

why they're hidden awa' here!

They're baith at a loss . . .

tae find a way acros

aph's nae great shakes . . .

in the glamour stakes!

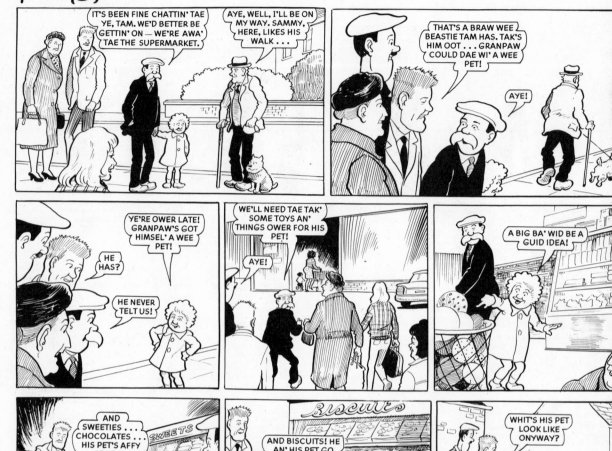

orace doesnae SEEM tae be . . .

as polite as can be!

TEENAGERS TODAY ARE A DISGRACE! THEY'RE ROUGH, UNTIDY, ILL-MANNERED . . .

SIGH!

WELL, NAEBODY COULD SAY THAT ABOOT OOR HORACE, MRS McSNOOT! HE'S TIDY, POLITE, WORKS HARD AT HIS LESSONS . . .

THEN — SCHOOL! I HATE THAT PLACE!

I'M NEVER GOING BACK!

OH!

WHAUR'S MY TEA? I'VE BEEN HAME TWA MINUTES!

TIDY AND POLITE? HMPH! HE'S AS BAD AS THE REST OF HIS GENERATION!

NO! YE DINNA UNDERSTAND!

YE'LL NEED TAE GO EFTER HER OR YER REPUTATION WILL BE MUD A' OWER THE TOON!

AYE! I SUPPOSE I'D BETTER!

10

MRS McSNOOT! I'D LIKE YE TAE HAVE THIS!

EH?

JOE'S CAFE

SCHOOL! I HATE THAT PLACE!

ROCK 'N' ROLL REBELS ACT I

YE SEE — HE EVEN VOLUNTEERS TAE BE IN THE SCHOOL PLAYS!

AYE! AND HE REHEARSES AT HAME!

...at McNab has tae say . . .

fills the Broons wi' dismay!

Nae wonder she's miffed . . .

not a single gif[t]

the question is WHERE?

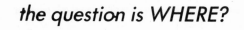

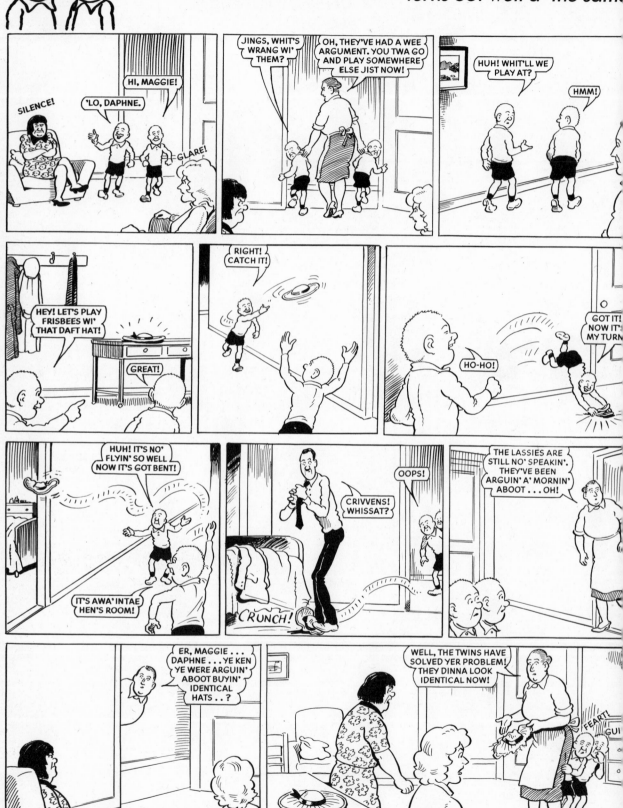

looks the same tae me!

Chasin' the paper's . . .

gien Daphne the vapours.

aw Broon's found . . .

an answer tae the sound!

HERE'S MR McNAB FRAE UPSTAIRS!

HULLO, ANDRA!

HMPH!

YE'RE WASTIN' YER TIME, PAW!

HE'S NEVER FORGIVEN YE FOR COMPLAININ' ABOOT THE NOISE YON TIME!

ACH, WELL, HE SHOULD HAVE MAIR CONSIDERATION!

AYE! BUT HE'S THAT STUBBORN IT WORKED THE OPPOSITE WAY!

HANG ON! WE'VE WALKED FAR ENOUGH IF WE WANT TAE GET BACK IN TIME FOR THE BIG FILM ON TELLY.

OH, RIGHT! WE DINNA WANT TAE MISS THAT!

HOME AGAIN . . . WE'LL MAYBE SEE THE FILM, BUT WE'LL NO' HEAR IT! THE VOLUME CONTROL'S ON THE BLINK!

CRIVVENS! THAT'LL RUIN THE FILM!

WE'RE TOO LATE! THE TV REPAIR SHOP'S SHUT!

AH, WELL, THERE'S ONLY ONE THING TAE DAE!

I JUST HOPE ANDRA'S WATCHIN' THE FILM TAE!

THUMP! THUMP!

MOVIE TIME

HE IS!

AN' IT'S WORKIN' A TREAT!

SIT BACK AND ENJOY THIS WEEK'S BIG MOVIE ~ STARBORES IV

TSK, PAW! YE SHOULDNAE HAVE DONE THAT!

HO-HO! ANY TIME PAW COMPLAINS ABOOT THE NOISE, ANDRA JUST TURNS HIS TELLY UP LOUDER!

o, there's no catch . . .

he's PLAYIN' at the match!

ET'S SEE IF RANPAW'S MIN' TAE THE BA MATCH.

AYE!

I'M NO' JIST COMIN' — I'M PLAYIN'!

EH?

WHIT DID YE SAY?

HO-HO!

GUID AULD GRANPAW! STILL GOT A SENSE O' HUMOUR AT HIS AGE!

IT'S NO' A JOKE!

THEY'VE JIST PHONED AND ASKED ME! SEEMS THEY'RE A MAN SHORT!

WHAT?

MICHTY!

MIND YE, I'M A BIT RUSTY. IT'S A WHILE SINCE I PLAYED!

IT MUST BE TRUE!

I'LL JIST GO AN' GET MY KIT.

JINGS, I KNEW THE ROVERS WERE STRUGGLING, BUT I DIDNAE THINK THEY WERE THAT HARD UP!

I HOPE I MIND HOW TAE PLAY!

OF COURSE YE'LL MIND HOW TAE PLAY! YE'VE BEEN WATCHIN' FITBA FOR YEARS!

PLAYERS' ENTRANCE

FITBA? WHIT'S THAT GOT TAE DAE WI' IT?

EH?

WHIT'S HE SAYIN'?

SO THAT'S WHIT HE WIS ON ABOOT! HE'S BEEN HAULED IN TAE PLAY HIS TRUMPET IN THE AUCHENSHOOGLE BRASS BAND!

HO-HO!

GUID AULD GRANPAW!

Granpaw's bad peg . . . ?

. . . pull the ither leg!

AT THE KIRK JUMBLE SALE—

WHIT'S GRANPAW UP TAE? SURELY HE'S NO' THINKIN' O' BUYIN' THAT AULD THING!

NAW . . .

BUT—

IT'S JIST RIGHT FOR THAE CAULD MORNIN'S, LASS. I'LL GIE YE THREEPENCE FOR IT!

CRIVVEN

YE SHOULD BE ASHAMED O' YERSEL', BUYIN' THAT AULD RAG!

AYE, JIST WAIT TILL MAW HEARS ABOOT THIS.

MIND YER AIN BUSINESS! I'LL BUY WHIT I LIKE. FORBYE, IT'S JIST WHIT I NEED FOR THIS CAULD WEATHER!

AND SO, LATER—

A JAICKET OOT O' A JUMBLE SALE? I'M BLACK AFFRONTED!

AYE, AND IT A' THREAD AN' PATCH

TCH! TCH!

IT'S A BIT TICHT ROOND THE MIDDLE, BUT IT'LL CERTAINLY KEEP OOT THE CAULD!

LISTEN! HE'S TRYIN' IT ON!

NOW SEE HERE, GRANPAW BROON, NAEBODY IN THIS FAMILY HAS TAE WEAR ITHER FOWK'S CAST-AFFS . . .

WHIT ARE YE ON ABOOT?

I'M TIRED ASKIN' YOU LOT TAE DAE SOMETHIN' ABOOT MY HOT WATER TANK, SO I'VE LAGGED IT MASEL'—WI' THAT AULD JAICKET. IT'S A BRAW FIT!

GASP!

CLEVER GRANPAW!

WID YE BELIEVE IT!

HO-HO!

I HOPE YE CAN MANAGE TAE MEND THE VACUUM, PAW! IT'S HOPELESS TRYIN' TAE KEEP THAE CARPETS CLEAN WI' A BRUSH!

DINNA WORRY! NEARLY FEENISHED!

HERE WE GO! IT'LL RUN FOR YEARS!

THAT'S WHIT YE SAID LAST WEEK!

AHEM!

BANG!

ACH!

I KNEW IT!

HELP!

OH, WELL, I'LL JIST HAE TAE KEEP USIN' THE BRUSH, I SUPPOSE! I SHOULD BE USED TAE IT BY NOW.

SOME WOMEN HAE A' THE LATEST GADGETS, BUT NO' ME . . .

HUFF!

LATER —

HERE YE ARE!

WHIT? A PRESENT? FOR ME?

OOH!

THE LATEST, TOP-O'-THE-RANGE MODEL! WIFE O' MINE IS GOIN' TAE SAY THEY'VE TAE USE A BRUSH ON THE CARPETS.

OH, PAW!

THAT'S CHEERED MAW UP! AND I'LL GET A BIT O' PEACE . . .

BUT —

EH? WHIT'S WRANG? WHY ARE YE NO' USIN' YER NEW VACUUM?

WHAT? USE MY GUID NEW VACUUM ON A RAGGED AULD CARPET LIKE THIS?

OH, NO!

OOH!

That's just the trouble . . .

he's no' really bent doubl

ere's lots o' snags aboot . . .

haein' Christmas dinner oot!

GOIN' OOT T' BOOK OOR STMAS DINNER AT THE Y INN. WE'RE N' OOT FOR FIRST TIME S YEAR!

IT'LL BE BRAW! WE'LL GET A **CHOICE**... SCAMPI, ROAST BEEF, STEAK PIE, LASAGNE.....

BIRKY INN

IT'LL BE A BREAK FOR ME AN' 'A!

YE'LL NO BE ABLE TO LET YER BREEKS OOT EFTER EATIN', MIND —

— NOR TAK' YER SHOES AFF!

ORDERS NOW BEING TAKEN FOR CHRISTMAS DINNER.

AN' YE'LL NO BE ABLE TO DRIVE. THE BUSES ARE AFF, SO YE'LL NEED A TAXI!

WI' OOR FAMILY WE'LL NEED **THREE** TAXIS .... BAITH WAYS!

NOW, IS THERE SOMETHING YE'D LIKE TO ORDER, MR BROON?

R DINNER

AYE, THERE IS .....A HALF PINT AND A COCA COLA!

CHRISTMAS DAY—

WHAT HAPPENED TO EATIN' OOT AT THE BIRKY INN?

OH, IT WAS ....IT WAS A' BOOKED UP!

POP

BANG!

MERRY CHRISTMAS!

Noo it's that time o' year . . .

guid food an guid chee[r]